Biblioteca di ImpresaLavoro

I0410461

© 2016 Pietro Masci
Edizioni "Biblioteca di ImpresaLavoro"
Prima edizione: novembre 2016
ISBN: 1539629651
ISBN-13: 978-1539629658

Pietro Masci

LA RIFORMA DELLA DELLA COSTITUZIONE E IL REFERENDUM

INDICE

6

INTRODUZIONE

Il 22 settembre scorso sono state definite le domande per il referendum costituzionale di modifica della Costituzione italiana che si terrà il 4 dicembre. Gli elettori italiani sono chiamati ad approvare o respingere la riforma costituzionale, che prevede un significativo cambiamento nella struttura del Senato ed altre modifiche relative al funzionamento dello Stato ed i rapporti con le Regioni.

Il referendum non prevede un *quorum*, vale a dire che non ci sarà bisogno di un numero minimo di votanti per considerarne valido l'esito. Il voto referendario prevede *"sì"* per l'approvazione della riforma e *"no"* per il rifiuto della riforma. Il referendum riguarda numerosi temi abbastanza complessi e tecnici e con molte implicazioni e appare difficile definire un testo dei quesiti chiaro, esplicativo, esauriente ed allo stesso tempo neutrale.

Al di là delle varie giustificazioni e interpretazioni che le parti sostengono in merito ai quesiti, è sufficiente leggere il testo che sarà sottoposto agli elettori – riportato qui di seguito – per concludere che i quesiti soddisfano il requisito della chiarezza, ma non quello della neutralità. Il Movimento 5 Stelle ha presentato ricorso.

Quesiti referendari:
• *"Disposizioni per il superamento del bicameralismo paritario"*
• *"Riduzione nel numero del parlamentari"*
• *"Il contenimento dei costi del funzionamento delle istituzioni"*
• *"Soppressione del CNEL"*
• *"Revisione del Titolo V della parte II della Costituzione"*.

Il presente lavoro intende rispondere alle seguenti domande:
• quali sono le conseguenze della proposta di riforma costituzionale sul sistema giuridico-politico?;
• quale è l'impatto della proposta riforma costituzionale sulla crescita economica del Paese?

Per verificare le due domande, questo saggio segue un percorso noto in letteratura che involve qualità delle istituzioni, *governance*, corruzione, decadimento istituzionale e riduzione delle opportunità e della crescita economica (Dixit, A., 2009, "Governance Institutions and Economic Activity", *The American Economic Review*, 99(1),

3-24). Il metodo d'analisi utilizza la letteratura in materia e l'esperienza nel funzionamento dei sistemi politici di vari paesi e sopratutto Italia e Stati Uniti che conosco meglio.

L'analisi delle conseguenze che la riforma della Costituzione italiana soggetta a referendum potrà avere sul sistema giuridico-politico e la c.d. *governance* – vale a dire le tradizioni e le istituzioni attraverso i quali è esercitato il potere – fa riferimento a come la riforma proposta influenza alcuni principi fondamentali: il ruolo della Costituzione nell'ordinamento giuridico e particolarmente il tema della superiorità dei principi, valori e regole inseriti nella Carta Costituzionale; il ruolo della maggioranza in un regime democratico; la stabilità; il collegamento tra eletti nelle istituzioni ed elettori; la riduzione dei costi dell'apparato statale.

In tale contesto, l'analisi considera come la riforma intacchi principi fondamentali per il funzionamento democratico: l'esigenza di c.d. pesi e contrappesi – *checks and balances* – che servono a tutelare la minoranza ed evitare la dittatura della maggioranza, e la c.d. *rule of law*[1], cruciale per il corretto funzionamento di una democrazia e per la sua sostenibilità (Gosalbo-Bono Ricardo, 2010, "The Significance of the Rule of Law and its Implications for the European Union and the United States", *University of Pittsburgh Law Review*,

ISSN: 0041-9915, Vol: 72, Issue: 2).

Questo saggio considera poi le misure della *governance* utilizzate dalla Banca Mondiale e applicate ai vari paesi – inclusa la corruzione – e come la carenza di regole efficaci che disciplinano gli aspetti fondamentali della vita politica riduca la qualità delle istituzioni ed il livello della governance e faciliti la corruzione e il ruolo del denaro in politica determinando una spirale di decadimento istituzionale, politico e sociale ed economico. In tale contesto, questo lavoro si sofferma sulle possibili conseguenze economiche della riforma costituzionale proposta.

Le conclusioni s'incentrano sulla necessità che un sistema giuridico-politico mantenga la qualità dell'assetto istituzionale e riesca ad identificare gli incentivi che facciano emergere e premino comportamenti virtuosi e permettano un corretto funzionamento delle istituzioni. In tal senso, l'elezione diretta dei rappresentanti costituisce un elemento essenziale al funzionamento democratico e concorrenziale, permette il controllo degli eletti e fornisce legittimità a tutto il sistema.

LA PROPOSTA
DI RIFORMA
COSTITUZIONALE
E ALCUNI
PRINCIPI FONDAMENTALI

A) IL RUOLO DELLA COSTITUZIONE NELL'ORDINAMENTO GIURIDICO

La Costituzione – sotto qualsiasi latitudine-rappresenta il testo fondamentale del sistema giuridico-politico di un paese, dove emergono i valori, i principi e le regole ai quali l'ordinamento giuridico s'ispira. Per tale ragione, la Costituzione e le sue modifiche non possono che essere un testo largamente condiviso, raggiunto con compromessi che coinvolgono le varie forze politiche.

La Costituzione italiana – nata dopo la Seconda Guerra Mondiale e la Resistenza- costituisce la legge fondamentale, influenzata principalmente dalle culture cattolica e socialista e dall'esperienza fascista. La Costituzione rappresenta il risultato di un lavoro lungo e di un largo consenso nonché di compromessi, proprio perché stabilisce valori, principi e regole condivisi per alcuni dei quali esiste anche una diversa impostazione (e pertanto è spesso necessario un compromesso).

L'argomento che talvolta viene utilizzato per giustificare la modifica della Costituzione s'incentra sulla circostanza che sono trascorsi circa 70 anni dalla sua approvazione, i tempi sono cambiati e pertanto la Carta Costituzionale deve adattarsi. In proposito, si trascura la circostanza che valori, principi e regole non sono temporanei, ma di lungo periodo. In ogni caso, l'età della Costituzione non fa venir meno, anzi rafforza, il requisito fondamentale per le modifiche: un vasto consenso. La Costituzione degli Stati Uniti risale al 1789 – ed è stata modificata solo 27 volte- e i principi e valori ispiratori rimangono intatti e in essi gli americani si riconoscono.

La letteratura della scuola di *public choice*, che spiega il processo politico secondo le regole dell'economia, è unanime sul punto dell'esigenza di un vasto accordo per l'adozione di regole costituzionali (Buchanan, James M., and Gordon Tullock, 1962, *The Calculus of Consent*. Ann Arbor: University of Michigan Press).

b) Il ruolo della maggioranza in un regime democratico

Le proposte modifiche della Costituzione italiana – sottoposte a referendum – sono intese a garantire la stabilità governativa, nel senso di durata e capacità di prendere decisioni da parte dell'Esecutivo e della maggioranza, sopratutto eliminando l'equivalenza di Camera e Senato – il c.d. bicameralismo perfetto – che, secondo l'attuale Costituzione, hanno identici compiti e poteri (ad esempio, entrambe le Camere votano la fiducia all'Esecutivo e approvano tutte le leggi). Il Senato delineato nella riforma non voterà la fiducia all'Esecutivo; avrà un numero limitato di competenze sulle quali legifererà insieme alla Camera (ad esempio riforme costituzionali, tutela delle minoranze linguistiche, referendum, enti locali e politiche europee).

In tal senso, la riforma costituzionale proposta modifica un principio fondamentale iscritto nella Carta Costituzionale, vale a dire l'equivalenza tra Camera e Senato che costituisce uno dei capisaldi di pesi e contrappesi del sistema giuridico-politico italiano. L'equivalenza tra le due Camere – peraltro analoga a quella che esiste negli Stati Uniti dove Camera e Senato entrambe approvano le stessi leggi – fu adottata dai costituenti a garanzia di un più sicuro funzionamento democratico dell'iter legislativo. Il bicameralismo perfetto può allungare i tempi delle decisioni e favorire il mantenimento di posizioni di rendita. Tuttavia, il bicameralismo perfetto riduce il potere dell'Esecutivo e costituisce una garanzia per la minoranza nella definizione di leggi e regolamenti contro lo strapotere della maggioranza.

Tale meccanismo costituisce un principio fondamentale che può essere modificato solo con un

ampio consenso delle forze politiche[2] (D. Argondizzo, 2013, *1945-1947 Il bicameralismo in Italia
tra due modelli mancati: Congresso USA e Stortinget*, Quaderni della Rivista Il Politico, n. 59,
Soveria Mannelli, Rubbettino).

Ulteriore importante implicazione della riforma è il ruolo preponderante dell'Esecutivo e della
maggioranza nell'approvazione di leggi e regolamenti. Infatti, l'Esecutivo in carica e la maggioranza potranno predisporre disegni di legge – at-
tuativi del *"programma di Governo"* – da approvare dalla Camera che è allineata all'Esecutivo.
Tale circostanza riduce le iniziative legislative
parlamentari (che dovrebbero scaturire dalle esigenze che i cittadini rappresentano ai propri rappresentanti) che già sono pari solo al 20% delle
iniziative complessive ed evidenziano il distacco
tra istituzioni ed elettori, anche perché i rappresentanti che siedono al Parlamento hanno principalmente rapporti con le segreterie dei partiti
piuttosto che con gli elettori del territorio che dovrebbero rappresentare (Associazione OpenPolis,
2015, *Premierato all'Italiana. Osservatorio sulle
leggi nella XVII Legislatura*, Edizioni OpenPolis,
Roma).

Altra implicazione – non secondaria – è che gli
incarichi nella Pubblica Amministrazione e nelle
c. d. Agenzie indipendenti siano attribuiti ad indi-
vidui che raccolgono la fiducia della maggioranza
al potere, senza aver riguardo alla conoscenza ed
esperienza nel settore specifico e alla capacità di

svolgere con efficacia ed integrità la funzione ricoperta.

La prima implicazione di tali nomine è che i *"nominati"* avranno l'inclinazione ad emettere normative secondo gli interessi e le direttive del potere politico (Cochrane, John, 2015, *The Rule of Law in the Regulatory State, prepared for The Foundation of Liberty: Magna Carta After 800 Years*, Hoover Institution Conference, June).

La seconda implicazione è che, naturalmente, le nomine dipendono dall'Esecutivo in carica e possono essere modificate dal successivo Esecutivo con un'impostazione diversa. Queste due circostanze accentuano l'instabilità istituzionale e la certezza e durata delle regole.

Pertanto, le modifiche costituzionali – associate al premio di maggioranza alle elezioni per la Camera in vigore a partire dal luglio 2016 (il c.d. *Italicum*, vedi in seguito e nota 7) – eliminano il *bicameralismo perfetto* ritenuto da molti causa di inefficienze e lentezze, attribuendo all'Esecutivo ed alla maggioranza un ruolo preponderante nelle decisioni. L'Esecutivo deciderebbe i tempi e la sostanza dei lavori dell'unica assemblea legislativa rilevante, la Camera, peraltro con maggioranza allineata all'Esecutivo. Il ruolo egemonico dell'Esecutivo nell'approvazione delle leggi va contro le regole che risalgono alla teoria della divisione dei poteri secondo la quale l'Esecutivo ha il compito di eseguire le leggi approvate dal Parlamento.

Inoltre, l'Esecutivo svolge attività *"legislati-*

va", attraverso la Pubblica Amministrazione e le Agenzie indipendenti che emettono provvedimenti con sostanza di legge senza un effettivo controllo del potere legislativo (il Parlamento). Tale circostanza viola il principio della *rule of law* e rischia di instaurare la *rule by law* con il ruolo dominante dell'Esecutivo e della maggioranza, che produce la c.d. *"tirannia della maggioranza"* che potrebbe sfociare nell'autoritarismo plebiscitario. Tali situazioni di potere esclusivamente basato sull'espressione popolare si manifestano in vari paesi (ad esempio, Turchia di Erdogan; Russia di Putin; e Venezuela di Chavez che ora sta attraversando con Maduro una crisi di gigantesche proporzioni), dove vige il concetto della *rule by law* e non della *rule of law*[3]. In tale proposito, Diamond Larry and Marc F. Plattner Editors, 2015, *Democracy in Decline*, John Hopkins University Press.

C) LA STABILITÀ

La riforma costituzionale sottoposta al referendum parte da un concetto di stabilità peraltro ampiamente diffuso –la governabilità – che come sopra accennato si riferisce alla stabilità dell'Esecutivo ed alla sua capacità di durare e prendere decisioni. Il concetto di stabilità di un ordinamento giuridico non può essere esclusivamente fondato sulla circostanza che l'Esecutivo sia in carica e produca norme. Elemento di maggior rilevanza è che un sistema giuridico-politico funzioni attraverso i c.d. pesi e contrappesi e secondo regole e procedure certe e prevedibili. In altre parole, è la qualità della governabilità, non la governabilità che ha rilievo.

Negli Stati Uniti, le modifiche costituzionali, come pure le leggi ordinarie, sono difficili da realizzare proprio perché, malgrado gli Stati Uniti siano una Repubblica Presidenziale, il potere è diffuso e il sistema è permeato da *checks and balances* – tra i quali come indicato sopra la parità di Camera e Senato e la circostanza che solo un membro del Congresso può proporre un disegno di legge accentuando il rapporto tra eletti ed elettori[4] – che riducono il potere del Presidente e della maggioranza e tutelano la minoranza (si pensi, ad esempio, alla difficoltà ad approvare leggi sull'immigrazione).

In proposito, spesso si ricorda un aneddoto significativo. Le deliberazioni che portarono alla definizione della Costituzione degli Stati Uniti furono tenute in gran segreto e molti cittadini – curiosi e ansiosi di cosa si stesse decidendo- si riunirono fuori della Independence Hall, in Filadelfia, dove si svolgevano le riunioni per scrivere la Costituzione. Si racconta che una donna, la signora Elizabeth Powell (che sembra fosse un'amica di George Washington), preoccupata, chiese a Benjamin Franklin, *"Dottore, che cosa abbiamo, una repubblica o una monarchia?"* Senza esitazioni, Franklin rispose: *"Una Repubblica, signo-*

ra, se sarete capaci di conservarla". Questo aneddoto attesta l'importanza centrale che rivestono pesi e contrappesi nella Costituzione statunitense. Uno dei temi centrali e ricorrenti del dibattito politico negli Stati Uniti è quello del c.d. *divided government* – il governo diviso[5]. Tale situazione dipende principalmente dalla circostanza che non solo non è infrequente che il partito del Presidente non è quello che ha la maggioranza nel Congresso (Camera e Senato), ma anche quando Presidente e maggioranza nel Congresso sono dello stesso partito, i parlamentari debbono rispondere agli elettori nel territorio che li ha eletti e non agli ordini del partito. In tale contesto, il raggiungimento di un accordo per approvare le leggi è complicato, spesso richiede compromessi, altre volte le proposte non riescono a diventare leggi proprio per i pesi e contrappesi che esistono nel sistema e che sono soprattutto a tutela della minoranza, della *rule of law* e del funzionamento democratico.

A tale proposito, le attuali elezioni presidenziali negli Stati Uniti sono un esempio molto interessante da esaminare. Uno dei candidati – Donald Trump – sostiene, che una volta eletto Presidente, introdurrà cambi radicali (ad esempio, denuncerà gli accordi commerciali, costruirà il muro tra Stati Uniti e Messico; e così via). Tuttavia, questi cambi proposti sembrano non tener conto delle regole del gioco che prevedono l'accordo del Congresso che approva le leggi e che è tutt'altro che scontato.

Il sistema statunitense ha costruito gli anti-corpi – i pesi e contrappesi – che evitano situazioni autocratiche, o come viene chiamata la *Presidenza Imperiale*, e la *tirannia della maggioranza*[6]. Il sistema si muove secondo cadenze e procedure prevedibili, regolate dalla legge alla quale tutti sono sottoposti e dove la maggioranza deve confrontarsi con la minoranza. La chiarezza istituzionale, vale a dire la trasparenza delle regole del gioco, costituisce il meccanismo che garantisce la stabilità, e la prevedibilità dell'evoluzione del sistema e sostanzialmente la sua legittimità, credibilità e sostenibilità.

Tra decisionismo e bilanciamento dei poteri, il sistema statunitense favorisce il secondo meccanismo. Questo non significa che il sistema sia perfetto, efficiente, funzioni sempre e in ogni circostanza, e non presenti difetti (le attuali elezioni presidenziali sono un buon esempio in proposito). Esistono vari elementi distortivi come quello del ruolo del denaro nella politica, ed il mantenimento di posizioni di rendita, ma alla lunga i *checks and balances* a tutela della minoranza, della *rule of law* e del funzionamento della democrazia, riducono i pericoli di dittature e tirannie mascherate dal consenso popolare (De Tocqueville Alexis, 2016, *De la Démocratie en Amérique: Édition Intégrale Tome I + II*, Create Space Independent Publishing Platform) e hanno dato risultati molto positivi per oltre 200 anni in termini di sviluppo economico e sociale.

L'accentramento di forti poteri all'Esecutivo,

anche derivanti da un "mandato popolare", o da elezioni che producono una certa maggioranza, non solo costituisce un pericolo per la democraticità del sistema, ma non è efficiente e può essere dannoso alla stessa stabilità. Un Esecutivo forte, ancorchè legittimato dal voto popolare, può prendere decisioni che però possono essere sconfessate dal successivo Esecutivo forte che ha anch'esso la legittimazione popolare, ma un'impostazione diversa dal precedente Esecutivo. In proposito, al di là del merito della decisione, si può esaminare il caso della candidatura di Roma per le Olimpiadi del 2024 presa dall'Esecutivo a livello centrale con il sostegno della Giunta e del Consiglio di Roma, all'epoca allineati con l'Esecutivo a livello centrale. La decisione, però, era controversa e con varie opposizioni. La vittoria del Movimento 5 Stelle nelle recenti elezioni per Giunta e Consiglio della città di Roma ha portato al rifiuto di partecipare alle Olimpiadi determinando incertezza, spese effettuate e non recuperabili, perdita d'impegni, investimenti e credibilità.

Inoltre, non è da escludere lo scenario di una minoranza, nell'ambito della maggioranza, capace di esercitare un potere di veto con effetti nocivi sulle decisioni con situazioni di richiesta di contropartite di qualsiasi genere.

In altre parole, il decisionismo può essere sconfessato dal successivo decisionismo di segno opposto e determinare instabilità, vale a dire quella situazione che si sarebbe voluto eliminare. In

aggiunta, il decisionismo basato su vittorie elettorali contingenti può essere solo apparente, non
esclude lotte interne alla maggioranza con effetti paralizzanti e non assicura la durata e la tenuta
dell'Esecutivo.

Un ruolo preponderante dell'Esecutivo e della
maggioranza non elimina l'incertezza e può generare cicli d'impegni e successivi rifiuti che sono la
caratteristica dell'instabilità.

D) IL COLLEGAMENTO
TRA ELETTORI ED ELETTI

Il popolo è sovrano, come recitano molte costi-
tuzioni. Le istituzioni elettorali costituiscono una
condizione necessaria e sufficiente per la pratica e
il consolidamento della democrazia. Senza regole
elettorali per l'elezione del potere esecutivo e di
quello legislativo, la democrazia rappresentativa
non è praticabile. Le regole determinano la natu-
ra del Governo che emerge dal voto, le modalità
in cui il pubblico può verificare la responsabilità
degli eletti nella gestione del potere e favoriscono
il senso d'inclusione del cittadino (Mala Htun and
G. Bingham Powell, Jr. Editors, 2013, *Political
Science, Electoral Rules, and Democratic Governance. Report of the Task Force on Electoral Rules and Democratic Governance*, American Political Science Association (APSA)).

In Italia, l'evoluzione del sistema elettorale,

dopo l'entrata in vigore della Costituzione nel 1946, ha portato ad un progressivo indebolimento del rapporto tra elettori ed eletti[7] e la circostanza – sopra riportata – del basso livello d'iniziative legislative parlamentari rappresenta un significativo indicatore dello scollamento che esiste tra elettori ed eletti.

La riforma costituzionale soggetta al referendum parte da una corretta, ma non nuova, intuizione che una delle due Camere (il Senato) debba avere una rappresentatività su base regionale (Mangiameli Stelio Editore, 2012, *Il regionalismo italiano tra tradizioni unitarie e processi di federalismo. Contributo allo studio della crisi della forma di stato in Italia*, Giuffre).

Tuttavia, l'attuazione nega l'intuizione ed accentua la prevalenza eccessiva della maggioranza, come discusso sopra, e la carenza di rappresentitività delle realtà regionali in quanto il futuro Senato sarebbe composto da membri prescelti indirettamente e senza un rapporto diretto con il territorio.

In effetti, i rappresentanti destinati a ricoprire il ruolo di senatore sono selezionati dalle Assemblee regionali; svolgono le proprie funzioni a titolo individuale; e possono ricoprire nello stesso tempo la carica di consigliere regionale o di sindaco- senza vincolo di mandato. Tali rappresentanti, pertanto, tendono ad esprimere le posizioni del partito che li ha nominati e non gli interessi territoriali che dovrebbero tutelare.

Riprendendo il parallelo con gli Stati Uniti, il 17O emendamento, adottato nel 1911, ha stabilito l'elezione diretta dei senatori che prima erano scelti dalle Assemble legislative dei vari stati. Negli Stati Uniti a nessuno verrebbe in mente di tornare al sistema che le Assemblee legislative dei vari stati dell'Unione designino i senatori federali. Gli estensori della riforma costituzionale italiana soggetta a referendum non hanno considerato rilevante questa fondamentale esperienza storica (Friedman, Joseph S., 2009, "The Rapid Sequence of Events Forcing the Senate's Hand: A Reappraisal of the Seventeenth Amendment, 1890-1913", March, *CUREJ: College Undergraduate Research Electronic Journal*, University of Pennsylvania).

In aggiunta, la riforma – con la revisione del Titolo V della parte II della Costituzione – prevede una riduzione dell'autonomia delle regioni, soprattutto in campo finanziario e organizzativo e in una serie di *"competenze concorrenti"*, cioè materie delle quali potevano occuparsi, nello stesso tempo, stato e regioni. Con la riforma, molte competenze torneranno in maniera esclusiva allo Stato. In tal senso, la riforma comporta una centralizzazione del potere e un de-potenziamento significativo dell'autonomia legislativa delle Regioni costituzionalmente riconosciuta. Senza considerare che la riforma determina un vuoto normativo in quanto le Regioni a statuto speciale sono escluse, fino a una futura revisione degli statuti attraverso nuove leggi costituzionali d'intesa con le Regioni interessate.

La riforma rinforza l'idea di una concorrenza politica che s'incentra sui partiti e non sui candidati, e non garantisce il funzionamento di un regime genuinamente democratico che coinvolga l'elettore.

Sulla base dell'esperienza del Senato degli Stati Uniti – composto di 100 parlamentari – 2 per ogni Stato, in l'Italia si sarebbe potuto pensare ad un Senato composto da 60 a 80 parlamentari, 3 o 4 per ciascuna regione, direttamente eletti. Si sarebbe così compiutamente realizzata l'idea di accrescere la rilevanza di ciascuna regione, indipendentemente dalla sua popolazione che è invece la caratteristica della Camera dei Deputati.

Anche se può non essere immediatamente comprensibile, la diversità delle regioni italiane è un patrimonio da preservare ed arricchire e non da ridurre (Putman Robert D., 1994, *Making Democracy Work: Civic Traditions in Modern Italy*, Princeton University Press; Phillips Katherine W., 2014, "How Diversity Makes Us Smarter", *Scientific American*, October).

E) IL CONTENIMENTO DEI COSTI

L'attività politica e il funzionamento di un sistema democratico costituiscono un costo che il cittadino sostiene. Il finanziamento privato dell'attività politica – e in generale il ruolo del denaro in politica – deve essere limitato e trasparente e non ostacolare la concorrenza democratica. Il finanziamento pubblico della politica– a carico del cittadino che paga le tasse – per il mantenimento del sistema democratico non deve creare spechi, inefficienze e rendite (Zamora Kevin Casas and Daniel Zovatto, 2015, *The Cost of Democracy: Campaign Finance Regulation in Latin America*, Latin American Initiative, Brookings Institution).

L'eliminazione del Consiglio Nazionale dell'Economia e del Lavoro (CNEL) – un organismo riconosciuto dalla Costituzione- costituisce una soluzione indubbiamente positiva per ridurre i costi dell'apparato statale ed eliminare Enti che esercitano funzioni scarsamente rilevanti. Il CNEL è generalmente considerato un *"ente inutile"*, che non e mai stato messo in condizione di svolgere efficacemente la sua funzione di organo indipendente di consulenza tecnica per il Parlamento.

La diminuzione del numero dei parlamentari (i senatori passano da 315 a 100) può essere altresì considerata positiva nell'ottica di un risparmio per il funzionamento dell'ordinamento. Tuttavia, il minor costo – peraltro opinabile e che comunque appare non significativo – comporta lo scadimento della rappresentatività territoriale, accentua il decisionismo della maggioranza, e presenta il rischio d'instabilità determinata da decisionismi nel tempo che si annullano tra di loro.

Peraltro i costi derivanti dall'attuazione dell'eventuale modifica della Costituzione e dai possibili ricorsi giurisdizionali – principalmente tra Stato e Regioni – rimangono un'incognita.

La riduzione dei costi della gestione dello Stato è da valutare positivamente. Tuttavia, il risparmio finanziario non compensa il "costo" ingente di ridurre o eliminare importanti principi fondamentali, come abbiamo visto sopra. Peraltro il contenimento dei costi si sarebbe potuto conseguire in vari altri modi, ad esempio riducendo ulteriormente il numero dei senatori (a 60 o 80), diminuendo il numero dei rappresentanti alla Camera (ad esempio dagli attuali 630 a 435 come nel caso degli Stati Uniti che ha una popolazione 6 volte quella dell'Italia) ed eliminando 2/5 dei giudici della Corte Costituzionale (i giudici costituzionali passerebbero da 15 a 9 come nel caso della Corte Suprema Usa).

LA QUALITÀ DELLE ISTITUZIONI: GOVERNANCE, CORRUZIONE E CRESCITA ECONOMICA

La Governance – come detto, le modalità di esercizio del potere – presenta vari aspetti operativi come la scelta e il rimpiazzo del Governo; l'utilizzo del potere; la capacità del Governo di adottare e realizzare politiche pubbliche; il rispetto dei cittadini e delle istituzioni che regolano le interazioni tra i cittadini.

La Tavola 1, nelle pagine qui di seguito, sottolinea alcuni indicatori di Governance – elaborati dalla Banca Mondiale per il periodo 2008-2015 – per vari paesi avanzati.

Country	Year	*Indicators & Scores*		
		Net FDI inflows, $bn *2007-14	Int'l Compet. <6	Gov't Effect /± 2.5
Australia	2008	44.4	5.2	1.78
	2014/15	46.3	5.15	1.59
	Current Global Rank	9th	21st	18th
Canada	2008	119.9	5.37	1.77
	2014/15	57.2	5.31	1.76
	Current Global Rank	7th	13th	11th
France	2008	83.8	5.22	1.58
	2014/15	7.9	5.08	1.4
	Current Global Rank	34th	23rd	25th
Germany	2008	50.8	5.46	1.52
	2014/15	8.4	5.53	1.73
	Current Global Rank	31st	4th	12th
Italy	2008	40	4.35	0.29
	2014/15	13.7	4.46	0.38
	Current Global Rank	21st	40th	59th
Japan	2008	21.6	5.38	1.46
	2014/15	9.1	5.47	1.82
	Current Global Rank	30th	6th	7th
Spain	2008	73.8	4.72	0.92
	2014/15	34.2	4.59	1.15
	Current Global Rank	11th	32nd	30th
UK	2008	209.5	5.3	1.64
	2014/15	45.5	5.43	1.62
	Current Global Rank	10th	10th	16th
USA	2008	340.1	5.74	1.6
	2014/15	131.8	5.61	1.46
	Current Global Rank	2nd	3rd	22nd
Totals/ Averages	2008	983.9	5.193	1.396
	2014/15	354.1	5.181	1.434
	Net +/-	-629.8	-0.012	0.039
% gain/loss	2007/8--2014/5	-10.27%	-0.20%	1.52%
World	Global Statistics 2014/15	(n=185); (world mean=8.2); (world median=0.94); Total FDI '07: 2,985.7 bn; '14: 1,561.3 bn	(n=133); (world mean=4.22); (world median=4.19)	(n=191); (world mean= -0.01); (world median= -0.13)

Country	*Corruption /100	Accountability /± 2.5	Democracy /10	Bus. Freedom /100
		Indicators & Scores		
Australia	84.9	1.4	9.09	90.3
	76.9	1.37	9.01	94.1
	13th & 11th	14th	9th	6th
Canada	83.3	1.43	9.07	96.7
	77.9	1.43	9.08	89
	9th & 13th	10th	7th	14th
France	62.1	1.31	8.07	88
	60.4	1.22	7.92	80.2
	26th & 27th	21st	27th	33rd
Germany	74.1	1.35	8.82	89.9
	77.1	1.46	8.64	88.2
	10th & 12th	9th	13th	17th
Italy	29	1.02	7.98	77
	19.8	0.98	7.85	71.9
	64th & 83rd	45th	21st	62nd
Japan	62.7	0.92	8.25	88.1
	72.1	1.04	7.96	84.1
	19th & 15th	38th	23rd	23rd
Spain	54.7	1.18	8.45	77.9
	39.6	1	8.3	77.5
	36th & 53rd	42nd	17th	36th
UK	71.7	1.33	8.15	90.8
	75.1	1.3	8.31	91.1
	12th & 16th	17th	16th	12th
USA	64.7	1.12	8.22	92.6
	64.4	1.05	8.05	88.8
	16th & 23rd	37th	20th	15th
Totals/ Averages	65.244	1.229	8.456	87.922
	62.589	1.206	8.347	84.989
	-2.656	-0.023	-0.109	-2.933
% gain/loss	-2.6 %	-0.92%	-1.08%	-2.93%
World	*weighted avg of 2 corruption indices(n=165-191); (world mean=41.3)	(n=192); (world mean= -0.03); (world median= -0.03)	(n=167); (world mean =5.55); (world median=5.84)	(n=182); (world mean=64.2); (world median=65)

Fonti: EIU, 2015; World Bank, 2015; The World Economic Forum, 2015; Transparency International, 2015; The Heritage Foundation, 2015.

La Tavola 1 mostra in modo molto evidente che l'Italia, in molti indicatori (ad esempio quello dell'*accountability*, quello dell'effettività del Governo), occupa posizioni lontane da quelle dei paesi avanzati[8].

Per quanto riguarda la corruzione – definita dalla Banca Mondiale *"l'abuso dell'ufficio pubblico per guadagni privati"* – la ricerca con verifiche empiriche ha sostanzialmente confermato che quando la governance e le istituzioni non funzionano, *lobbies*, denaro e corruzione hanno buon gioco ad impossessarsi dei meccanismi decisionali e dirigerli nel proprio interesse e la governance è ulteriormente indebolita (Kaufmann, Daniel, 2005, *Myths and Realities of Governance and Corruption*, Global Competitiveness Report 2005-06 (October 2005): pp. 81-98).

Un elevato livello di corruzione significa che il potere pubblico è esercitato per guadagni privati (ad esempio attraverso opere pubbliche, politiche, regolamentazione) di modo che lo Stato è *"catturato"* da intesssi privati che esercitano un ruolo *"estrattivo"* delle risorse pubbliche (Acemoglu, Daron and James Robinson, 2012, *Why Nations Fail*, Crown Business).

Grafico 1
Indicatori di corruzione nelle principali economie

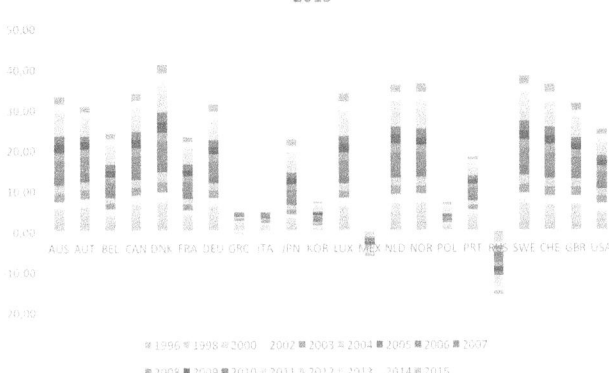

Estimate of governance (ranges from approximately -2.5 (weak) to 2.5 (strong) governance performance) – World Bank Governance Indicators 2015

Il Grafico 1 mostra per il periodo 1996-2015 gli indicatori delle prestazioni dei vari paesi in materia di corruzione - che variano tra -2.5 (debole) e +2.5 (forte) - e si può facilmente visualizzare la modesta posizione dell'Italia affiancata alla Grecia.

La Tavola 1 e il Grafico 1 mostrano che la situazione della *governance* e corruzione in Italia è pericolosa non solo per un corretto funzionamento democratico, ma anche per per lo sviluppo economico. In realtà, *lobbies*, denaro e corruzione s'intrecciano e determinano comportamenti diretti a premiare interessi particolari non sempre allineati con l'interesse generale e con la crescita economica (Kuhner Timothy K., 2014, *Capitalism v. Democracy Money in Politics and the Free Market Constitution*, Standford University Press).

La situazione per l'Italia non è migliore in materia d'indicatori della *rule of law*, vedi nota 1 e Agrast, M., Botero, J., Ponce, A., 2015, *World Justice Project Rule of Law Index 2015*, Washington, D.C. The World Justice Project (a giorni è atteso il Rapporto per il 2016).

I dati italiani su *governance* e corruzione (uno degli indicatori della *governance*) testimoniano altresì lo slegamento tra eletti ed elettori e l'alienazione dei cittadini elettori che si sentono estranei e non partecipi al sistema giuridico-politico. Ogni Governo dovrebbe seriamente preoccuparsi di migliorare i parametri della *governance*.

La riforma costituzionale sottoposta al referendum comporterà – se approvata – il ruolo dominante della maggioranza e dell'Esecutivo, una riduzione di pesi e contrappesi e un affievolimento della *rule of law* e presumibilmente produrrà un ulteriore distacco di molti elettori dalla politica. Pertanto, non è improbabile che *lobbies*, denaro e corruzione avranno un peso maggiore e che si formi un gruppo di potere e di sostegno finanziario che determinerà le sorti di molte iniziative. Di conseguenza, gli indicatori della *governance* non solo rischiano di non migliorare, ma addirittura di peggiorare.

Sotto il profilo delle implicazioni economiche,

la ricerca, attraverso verifica empirica, sostanzialmente concorda che una democrazia partecipativa
e istituzioni autorevoli e legittime- piuttosto che
governi autocratici – particolarmente in società
che presentano diversità e divisioni (etniche, linguistiche, geografiche, e altre divisioni) – hanno
un impatto positivo sullo sviluppo economico
(Rodrik Dani, 2000, "Participatory Politics, Social Cooperation, and Economic Stability", *The
American Economic Review* Vol. 90, No. 2, Papers and Proceedings of the One Hundred Twelfth
Annual Meeting of the American Economic Association (May), pp. 140-144). Istituzioni democra-
tiche riducono l'impatto negativo che corruzione
e denaro nel processo politico esercitano sulla crescita evonomica (Drury, A.C., Krieckhaus, J. and
Lusztig, M., 2006, "Corruption, democracy, and
economic growth", *International Political Science Review*, 27(2), pp.121-136).

L'impatto della riforma costituzionale sottoposta a referendum sulla crescita economica dipenderà dalla *"qualità"* delle istituzioni che usciran-
no se la riforma costituzionale sarà confermata dal
referendum (Venard Bertrand, 2013, "Institutions,
Corruption and Sustainable Development", *Economics Bulletin*, 33 (4), pp.2545-2562).

Naturalmente previsioni economiche in generale e nello specifico debbono essere caute. Dalle
considerazioni sviluppate più sopra, appare pro-
babile che la riforma costituzionale sottoposta al
referendum avrà un impatto negativo sulla *"qua-*

lità" delle istituzioni e sul loro funzionamento e di conseguenza implicazioni non favorevoli per la crescita economica italiana.

ULTERIORI CONSIDERAZIONI

Nessun ordinamento giuridico e sistema politico è perfetto e ogni decisione comporta uno scambio – *trade-off* – tra principi, valori ed obiettivi.

In un sistema sostanzialmente funzionante come si può considerare quello degli Stati Uniti, il sistema dei *checks and balances* è una garanzia per la minoranza, anche se costituisce un meccanismo che rallenta i cambi e tende a proteggere rendite di posizione. Recentemente – con un' interpretazione estensiva della Corte Suprema – negli Stati Uniti è stata introdotta la possibilità di contributi finanziari illimitati ed anonimi a partiti e candidati. Tale possibilità accentua il ruolo che il denaro e le *lobbies* già esercitano sul processo politico e sta corrompendo il sistema e minando la concorrenza e il funzionamento democratico e il rapporto tra eletti ed elettori (come le attuali elezioni presidenziali stanno evidenziando). Tuttavia, il mantenimento di *checks and balances* a tutela della minoranza, il rispeto del principio della *rule of law*, nonché l'elezione diretta dei rappresentanti rimangono capisaldi per assicurare il corretto funzionamento del sistema democratico e in qualche modo limitare il ruolo di *lobbies* e denaro nella politica e la corruzione.

Inerente al meccanismo di pesi e contrappesi, è che la necessità di ampio consenso – auspicato particolarmente per modifiche a principi, valori e regole – può comportare compromessi non salutari per l'ordinamento democratico – i c.d. *"inciuci"* – che determinano o perpetuano privilegi e rendite di posizione. Altro pericolo è che i rappresentanti possono non rispondere alle esigenze degli elettori che rappresentano. Lo stretto collegamento tra elettori ed eletti consente in principio agli elettori di sanzionare i comportamenti degli eletti.

Peraltro, il continuo corretto funzionamento democratico dipende molto dalla libertà di giudizio ed integrità dei parlamentari nel rappresentare gli interessi nazionali (Deputati) e territoriali (Senato) a cui corrisponde un senso diffuso di onestà nella società e di controlli sull'attività governativa. In tale ottica, è importante che nel disegnare un sistema politico e le istituzioni rappresentative si stabiliscano gli incentivi che permettano che i pregi sopra menzionati emergano e vengano valorizzati; che si svolga una concorrenza delle idee; e che il meccanismo sia capace di generare controlli e sanzioni.

In definitiva, appare fondamentale che gli eletti siano espressione diretta degli elettori e dipendano dagli elettori per il mantenimento della loro posizione. Ciò consente un migliore controllo democratico dell'elettore nei confronti dei suoi rappresentanti che può svolgere un ruolo significativo anche in presenza di interventi finanziari nella politica.

CONCLUSIONI

Per quanto riguarda la prima domanda – quale sono le conseguenze politico-giuridiche della proposta riforma costituzionale? – la riforma costituzionale sottoposta al referendum – se approvata- ridurrà pesi e contrappesi e rinforzerà il ruolo predominante della maggioranza e dell'Esecutivo. Presumibilmente, ciò produrrà una concentrazione del potere, ed ulteriore distacco di molti cittadini dalla politica.

Per quanto riguarda la seconda domanda – quale è l'impatto per la crescita economica del Paese? – l'impatto economico della proposta di riforma costituzionale dipenderà principalmente dalla *"qualità"* delle istituzioni che risulterebbero in caso la riforma fosse approvata.

La proposta riforma costituzionale – se approvata – consentirà l'accentramento di un potere rilevante nell'Esecutivo e può determinare conseguenti cicli d'instabilità e peggioramento della qualità istituzionale e della *governance*. In tale contesto *lobbies*, denaro e corruzione influenzeranno molti iniziative con negative ripercussioni sulla crescita economica del Paese.

In conclusione, le argomentazioni di quest'articolo permettono di giungere alla conclusione che esiste un collegamento tra i vari aspetti esaminati e sopratutto tra l'esigenza di un largo consenso per modifiche costituzionali ed il controllo dell'elettore sugli eletti. In tale prospettiva, sembra ragionevole pensare che una riforma costituzionale *"migliorata"* potrebbe aumentare la probabilità di un effetto positivo sulla crescita economica.

Appaiono ragionevoli modifiche nel senso dell'elezione diretta dei senatori su base regionale (3 o 4 senatori per ogni regione) – che sostanzialmente equivale ad un sistema uninominale che bilancerebbe il sistema di più di un candidato eletto nei singoli collegi elettorali per la Camera; opportuni correttivi per un più efficiente funzionamento dell'approvazione delle leggi, senza però intaccare in maniera significativa l'uguaglianza di funzioni delle due Camere.

Tale impostazione consentirebbe quel largo consenso necessario quando si modificano principi e regole alla base dell'ordinamento; e permetterebbe di compattare il paese e fornire nuovo slancio, invece di dividerlo. Purtroppo, l'impressione è che la campagna referendaria non è basata sulla sostanza dei cambi e le implicazioni, sopratutto a medio e lungo termine. Insomma, il Paese sta perdendo un'ennesima occasione per ammodernarsi seriamente.

NOTE

(1) La definizione del concetto *rule of law* è ampia e complessa. Il World Justice Project (WJP) computa annualmente il punteggio e la graduatoria dei vari paesi, vedi Agrast, M., Botero, J., Ponce, A. 2015. *World Justice Project Rule of Law Index* 2015. Washington, D.C. The World Justice Project. In prima approssimazione, per *rule of law* s'intende che tutti i membri della società sono soggetti alla legge – incluso l'Esecutivo – e che la legge dipende da principi e valori comuni e prestabiliti.

(2) Il referendum sulla legge di modifica della Costituzione si rende necessario perchè la legge è stata approvata con una maggioranza semplice e non con quella dei 2/3 che costituisce la misura dell'ampio consenso.

(3) Per *rule of law* – vedi nota 1 – s'intende che tutti i membri della società sono soggetti alla legge – incluso l'Esecutivo- e che la legge dipende da principi e valori comuni e prestabiliti. Per rule by law s'intende ogni atto del Governo che impone certi comportamenti in modo arbitrario e discriminatorio.

(4) Ad eccezione della legge di Bilancio che è proposta dal Presidente.

(5) Nell'accezione anglo-sassone per *Government* – Governo – s'intende tutto l'apparato che gestisce lo Stato e comprende l'Esecutivo (la Presidenza), il Congresso, e il Sistema giudiziario.

(6) Esistono molte conferme dell'operatività di pesi e contrappesi nel sistema americano, sicché non è necessaria l'elezione di Donald Trump alla Presidenza per un'ulteriore verifica.

(7) Dopo la nascita della Repubblica Italiana, nel 1946 fu approvata la legge proporzionale che, salvo piccole modifiche, ha regolato lo svolgimento delle elezioni politiche italiane fino al 1993.Per l'elezione della Camera dei deputati, il territorio nazionale era suddiviso in 32 circoscrizioni plurinominali assegnatarie di un numero di seggi variabile a seconda della popolazione; ogni elettore aveva a disposizione un massimo di quattro voti di preferenza. Il sistema elettorale per il Senato della Repubblica prevedeva correttivi in senso maggioritario, mantenendo un carattere ampiamente proporzionale. La legge Mattarella, in vigore fra il 1993 e il 2005, introdusse un sistema elettorale ibrido: a.maggioritario uninominale a turno unico per i tre quarti dei seggi del Senato e i tre quarti dei seggi della Camera; b.ripescaggio proporzionale dei più votati fra i candidati non eletti per l'asse-

gnazione del rimanente 25% dei seggi del Senato; c. proporzionale con liste bloccate e soglia di sbarramento al 4% per il rimanente 25% dei seggi della Camera. Nel 2015, per l'elezione della Camera dei Deputati, è stato approvato un nuovo sistema elettorale attualmente vigente – l'«Italicum» – operativo a partire dal 1° luglio 2016, che prevede un meccanismo proporzionale con sbarramento al 3% e premio di maggioranza, (o di governabilità). La lista vincitrice può ottenere fino a 340 deputati, corrispondenti al 54% dei seggi della Camera, qualora abbia ottenuto almeno il 40% dei consensi a livello nazionale; ove tale circostanza non si verifichi, il premio di governabilità è attribuito dopo un ballottaggio fra le due liste più votate. Il numero dei seggi assegnati a ciascun partito è determinato sulla base dei suffragi ottenuti sul territorio nazionale. Le candidature sono presentate all'interno di venti circoscrizioni regionali, suddivise complessivamente in 100 collegi plurinominali, a ciascuno dei quali spetta un numero prefissato di seggi compreso fra tre e nove. Fanno eccezione i nove collegi uninominali delle circoscrizioni Valle d'Aosta e Trentino-Alto Adige. Ogni elettore, nell'ambito della lista prescelta, ha due voti di preferenza per candidati che non siano i capilista. In ogni collegio, nel limite dei seggi spettanti in proporzione a ciascun partito, sono eletti i capilista e i candidati che hanno conseguito il maggior numero di preferenze.

(8) Per una critica degli indicatori di governance, vedi Thomas, M., 2010, "What do the Worldwide Governance Indicators Measure?", *European Journal of Development Research* 22, 31-54.

BIBLIOGRAFIA ESSENZIALE

Acemoglu, Daron and James Robinson, 2012, *Why Nations Fail*, Crown Business

Agrast, M., Botero, J., Ponce, A., 2015, *World Justice Project Rule of Law Index 2015*, Washington D.C., The World Justice Project

Argondizzo D., 2013, *1945-1947 Il bicameralismo in Italia tra due modelli mancati: Congresso USA e Stortinget*, Quaderni della Rivista Il Politico, n. 59, Rubbettino, Soveria Mannelli

Associazione OpenPolis, 2015, *Premierato all'Italiana. Osservatorio sulle leggi nella XVII Legislatura*, Edizioni OpenPolis, Roma

Buchanan, James M., and Gordon Tullock, 1962, *The Calculus of Consent*, University of Michigan Press, Ann Arbor

Cochrane, John, 2015, *The Rule of Law in the Regulatory State, prepared for The Foundation of*

Liberty: Magna Carta After 800 Years, Hoover Institution Conference

De Tocqueville Alexis, 2016, *De la Démocratie en Amérique: Édition Intégrale Tome I + II*, Create Space Independent Publishing Platform

Diamond, Larry and Marc F. Plattner Editors, 2015, *Democracy in Decline*, John Hopkins University Press

Dixit, A., 2009, "Governance Institutions and Economic Activity", *The American Economic Review*, 99(1), 3-24

Drury, A.C., Krieckhaus, J. and Lusztig, M., 2006, "Corruption, democracy, and economic growth", *International Political Science Review*, 27(2), pp.121-136).

Friedman, Joseph S., 2009, "The Rapid Sequence of Events Forcing the Senate's Hand: A Reappraisal of the Seventeenth Amendment, 1890-1913", March, *CUREJ: College Undergraduate Research Electronic Journal*, University of Pennsylvania

Gosalbo-Bono Ricardo, 2010, "The Significance of the Rule of Law and its Implications for the European Union and the United States", *University of Pittsburgh Law Review*, ISSN: 0041-9915,

Vol: 72, Issue: 2

Htun Mala and G. Bingham Powell, Jr. Editors, 2013, "Political Science, Electoral Rules, and Democratic Governance", *Report of the Task Force on Electoral Rules and Democratic Governance*, American Political Science Association (APSA)

Kaufmann, Daniel, 2005, "Myths and Realities of Governance and Corruption", *Global Competitiveness Report 2005-06 (October)*, pp. 81-98
Kuhner Timothy K., 2014, *Capitalism v. Democracy Money in Politics and the Free Market Constitution*, Standford University Press

Mangiameli Stelio Editore, 2012, *Il regionalismo italiano tra tradizioni unitarie e processi di federalismo. Contributo allo studio della crisi della forma di stato in Italia*, Giuffre

Phillips Katherine W., 2014, "How Diversity Makes Us Smarter", *Scientific American*, October.

Putman Robert D., 1994, *Making Democracy Work: Civic Traditions in Modern Italy*, Princeton University Press

Rodrik Dani, 2000, "Participatory Politics, Social Cooperation, and Economic Stability", *The American Economic Review* Vol. 90, No. 2, Papers and Proceedings of the One Hundred Twelfth Annual Meeting of the American Economic Association (May), pp. 140-144

Thomas, M., 2010, "What do the Worldwide Governance Indicators Measure?", *European Journal of Development Research* 22, 31-54

Venard Bertrand, 2013, "Institutions, Corruption and Sustainable Development", *Economics Bulletin*, 33 (4), pp. 2545-2562

Zamora Kevin Casas and Daniel Zovatto, 2015, *The Cost of Democracy: Campaign Finance Regulation in Latin America*, Latin American Initiative, Brookings Institution.